GRöLS Verlage

„BÜCHER SIND WIE FALLSCHIRME. SIE NÜTZEN UNS NICHTS, WENN WIR SIE NICHT ÖFFNEN."

Gröls Verlag

Redaktionelle Hinweise und Impressum

Das vorliegende Werk wurde zugunsten der Authentizität sehr zurückhaltend bearbeitet. So wurden etwa ursprüngliche Rechtschreibfehler *nicht* systematisch behoben, denn kleine Unvollkommenheiten machen das Buch – wie im Übrigen den Menschen – erst authentisch. Mitunter wurden jedoch zum Beispiel Absätze behutsam neu getrennt, um den Lesefluss zu erleichtern.

Um die Texte zu rekonstruieren, werden antiquarische Bücher von Lesegeräten gescannt und dann durch eine Software lesbar gemacht. Der so entstandene Text wird von Menschen gegengelesen und korrigiert – hierbei treten auch Fehler auf. Wenn Sie ebenfalls antiquarische Texte einreichen möchten, finden Sie weitere Informationen auf www.groels.de

Viel Freude bei der Lektüre wünscht Ihnen das Team des Gröls-Verlags.

Adressen
Verleger: Sophia Gröls, Im Borngrund 26, 61440 Oberursel
Externer Dienstleister für Distribution & Herstellung: BoD, In de Tarpen 42, 22848 Norderstedt

Unsere „Edition | Kleine Klassiker“ versammelt über hundert unbestrittene Klassiker der Weltliteratur in einem ästhetisch anspruchsvollen und handlichen Format.

Die Gröls-Klassiker-Editionen gehören heute mit ungefähr tausend Werken zu den größten Sammlungen klassischer Literatur im deutschen Sprachraum. Wir kultivieren und kuratieren damit einen der wertvollsten Bereiche der abendländischen Kultur. Kleine Auswahl:

Francis Bacon • Neues Organon • **Balzac** • Glanz und Elend der Kurtisanen • **Joachim H. Campe** • Robinson der Jüngere • **Dante Alighieri** • Die Göttliche Komödie • **Daniel Defoe** • Robinson Crusoe • **Charles Dickens** • Oliver Twist • **Denis Diderot** • Jacques der Fatalist • **Fjodor Dostojewski** • Schuld und Sühne • **Arthur Conan Doyle** • Der Hund von Baskerville • **Elisabeth von Österreich** • Das Poetische Tagebuch • **Friedrich Engels** • Die Lage der arbeitenden Klasse • **Ludwig Feuerbach** • Das Wesen des Christentums • **Fitzgerald** • Zärtlich ist die Nacht • **Flaubert** • Madame Bovary • **Theodor Fontane** • Effi Briest • **Robert Musil** • Über die Dummheit • **Edgar Wallace** • Der Frosch mit der Maske • **Jakob Wassermann** • Der Fall Maurizius • **Oscar Wilde** • Das Bildnis des Dorian Grey •

Mark Twain • Huckleberry Finns Abenteuer und Fahrten • **Anton Tschechow** • Die Möwe • **Ludwig Tieck** • Der gestiefelte Kater • **Feuerbach** • Das Wesen des Christentums • **Fitzgerald** • Zärtlich ist die Nacht • **Flaubert** • Madame Bovary • **Theodor Fontane** • Effi Briest • **Robert Musil** • Über die Dummheit • **Edgar Wallace** • Der Frosch mit der Maske • **Jakob Wassermann** • Der Fall Maurizius • **Oscar Wilde** • Das Bildnis des Dorian Grey • **Mark Twain** • Huckleberry Finns Abenteuer und Fahrten • **Anton Tschechow** • Die Möwe • **Ludwig Tieck** • Der gestiefelte Kater • **Jonathan Swift** • Gullivers Reisen • **Robert Louis Stevenson** • Die Schatzinsel • **William Shakespeare** • Othello • **Arthur Schopenhauer** • Die Kunst, Recht zu behalten • **Felix Salten** • Bambi • **Platon** • Der Staat • **Arthur Schnitzler** • Traumnovelle • **Friedrich Schiller** • Wilhelm Tell • **Karl May** • Winnetou • **Franz Kafka** • Der Prozeß • Platon • Verteidigungsrede • **Jules Verne** • Reise nachdem Mittelpunkt der Erde • **Leo Tolstoi** • Auferstehung • **August Strindberg** • Inferno • **Julius Stinde** • Familie Buchholz • **Wilhelm Raabe** • Die schwarze Galeere • **Friedrich Nietzsche** • Götzendämmerung • **Gotthold Ephraim Lessing** • Emilia Galotti *und viele weitere Werke….*

Kurt Tucholsky

20 Gedichte

Inhalt

Die Frau spricht

Die geschiedene Frau

Ja ... da war nun also wieder einer ...

das ist komisch!

Vor fünf Jahren, da war meiner;

dann war eine ganze Weile keiner ...

Und jetzt geht ein Mann in meiner

Wohnung um, findet manches, was

ich sage, dumm; lobt und tadelt,

spricht vom Daseinszwecke

und macht auf das Tischtuch

Kaffeeflecke –

Ist das alles nötig –?

Ja … er sorgt. Und liebt. Und ists ein

trüber

Morgen, reich ich meine Hand

hinüber …

Das ist komisch:

Männer ... so in allen ihren Posen ...

und frühmorgens, in den

Unterhosen ...

Plötzlich wohnt da einer auch in

meiner Seele.

Quält mich; liebt mich; will, daß ich

ihn quäle;

dreht mein Leben anders, lastet,

läßt mich fliegen –

siegt, und weil ich klug bin, laß ich

mich besiegen ...

Habe ich das nötig –?

Ich war ausgeglichen. Bleiben wir

allein,... komisch ...

sind wir stolz. So sollt es immer

sein!

Flackerts aber, knistern kleine

Flammen,

fällt das alles jäh in sich zusammen.

Er braucht uns. Und wir, wir
brauchen ihn. Liebe ist: Erfüllung,
Last und Medizin.
Denn ein Mann ist Mann und Gott
und Kind,
weil wir so sehr Hälfte sind. Aber
das ist schließlich überall:
der erste Mann ist stets ein
Unglücksfall. Die wahre Erkenntnis
liegt unbestritten

etwa zwischen dem zweiten und

dem dritten.

Dann weißt du. Vom Wissen wird

man nicht satt,

aber notdürftig zufrieden mit dem,

was man hat,

amen.

Eine Frau denkt

Mein Mann schläft immer gleich ein

... oder er raucht seine Zeitung und

liest seine Zigarre.

... Ich bin so nervös ... und während

ich an die Decke starre,

denke ich mir mein Teil.

Man gibt ihnen so viel, wenigstens

zu Beginn. Sie sind es nicht wert.

Sie glauben immer, man müsse

hochgeehrt

sein, weil man sie liebt.

Ob es das wohl gibt:

ein Mann, der so nett bleibt, so

aufmerksam

wie am ersten Tag, wo er einen

nahm ...?

Einer, der Freund ist und Mann und

Liebhaber; der uns mal neckt,

mal bevatert, der immer neu ist, vor

dem man Respekt

hat und der einen liebt … liebt …

liebt …

ob es das gibt?

Manchmal denke ich: ja.

Dann sehe ich: nein.

Man fällt immer wieder auf sie

herein.

Und ich frage mich bloß, wo diese
Kerls ihre Nerven haben.
Wahrscheinlich … na ja. Die
diesbezüglichen Gaben
sind wohl ungleich verteilt. So
richtig verstehen sie uns nie.
Weil sie faul sind, murmeln sie was
von Hysterie.
Ist aber keine. Und wollen wir
Zärtlichkeit,

dann haben die Herren meist keine
Zeit.
Sie spielen: Symphonie mit dem
Paukenschlag.
Unsere Liebe aber verzittert, das ist
nicht ihr Geschmack.
Hop-hop-hop – wie an der Börse. Sie
sind eigentlich nie mehr als
erotische Statisterie.
Die Hauptrolle spielen wir. Wir

singen allein Duett,

leer in der Seele, bei sonst gut

besuchtem Bett.

Mein Mann schläft immer gleich

ein, oder er dreht sich um und

raucht seine Zigarre.

Warum? Weil ...

Und während ich an die Decke

starre, denke ich mir mein Teil.

Die Nachfolgerin

Ich hab meinen ersten Mann gesehn

–

der ging mit einer!

Hütchen, Rock und Bluse

(Indanthren) und zwei Kopf kleiner!

Sie muß ihn wohl ins Büro begleiten

...

Über den Geschmack ist nicht zu

streiten.

Na, herzlichen Glückwunsch!

Sein Gehirn ist bei der

Liebeswahl ganz verkleistert;

wenn er siegt, dann ist er allemal

schwer begeistert.

Ob Langettenhemd, ob teure Seiden

–

seinetwegen kann man sich in Säcke

kleiden ...

Na, herzlichen Glückwunsch!

Frau ist Frau. Wie glücklich ist der

Mann,

dem das gleich ist!

Und für so was zieht man sich nun

an!

Als ob man reich ist!

Das heißt: für ihn ...?

Wir ziehen unsre Augenbrauen
für und gegen alle andern
Frauen. Immerhin erwart ich, daß
ers merken kann; ich will fühlen,
daß ich reizvoll bin.
Dreifach spiegeln will ich mich: im
Glas, im Neid, im Mann.

Und der guckt gar nicht hin.
Liebe kostet manche Überwindung

…

Männer sind eine komische

Erfindung.

Lamento

Der deutsche Mann Mann Mann

das ist der unverstandene Mann.

Er hat ein Geschäft, und er hat eine

Pflicht.

Er hat einen Sitz im

Oberamtsgericht.

Er hat auch eine Frau – das weiß er

aber nicht.

Er sagt: „Mein liebes Kind . . .“, und

ist sonst ganz vergnügt -

Er ist ein Mann., Und das genügt.

Der deutsche Mann Mann Mann

das ist der unverstandene Mann.

Der deutsche Mann Mann Mann

Die Frau versteht ja doch nichts von dem, was ihn quält. Die Frau ist dazu da, daß sie die Kragen zählt. Die Frau ist daran schuld, wenn ihm ein Hemdknopf fehlt. Und kommt es einmal vor, daß er die Frau betrügt: Er ist ein Mann. Und das genügt.

Der deutsche Mann

Mann

Mann –

das ist der unverstandene Mann.

Er gibt sich nicht viel Mühe, wenn

er die Frau umgirrt.

und kriegt er nicht die eine, kommt

die andere angeschwirrt. Daher der

deutsche Mann denn stets befriedigt

wird.

Hauptsache ist, daß sie bequem und sich gehorsam fügt.

Denn er ist Mann. Und das genügt.

Der deutsche Mann Mann Mann – das ist der unverstandene Mann. Er flirtet nicht mit seiner Frau. Er kauft ihr doch den Hut!

Sie sieht ihn von der Seite an, wenn er so schnarchend ruht. Ein kleines bißchen Zärtlichkeit – und alles wäre gut. Er ist ein Beamter der Liebe. Er läßt sich gehn. Er hat sie doch geheiratet – was soll jetzt noch geschehn? Der Mensch, der soll nicht scheiden, was Gott zusammenfügt.

Er ist ein Mann. Und das genügt.

1931

Ehekrach

„Ja -!“

„Nein –!“

„Wer ist schuld?

Du!“

„Himmeldonnerwetter, laß mich in

Ruh!“

– „ *Du* hast Tante Klara

vorgeschlagen!

Du läßt dir von keinem Menschen

was sagen!

Du hast immer solche Rosinen!

Du willst bloß, ich soll verdienen,

verdienen –

Du hörst nie. Ich red dir gut zu . . .

Wer ist schuld –?

Du.“

„Nein."

„Ja."

– „ *Wer* hat den Kindern das Rodeln

verboten?

Wer schimpft den ganzen Tag nach

Noten?

Wessen Hemden muß ich stopfen

und plätten?

Wem passen wieder nicht die

Betten?

Wen muß man vorn und hinten

bedienen?

Wer dreht sich um nach allen

Blondinen?

Du –!“

„Nein.“

„Ja.“

„Wem ich das erzähle ...! Ob mir das

einer glaubt –!“

– „Und überhaupt –!““Und

überhaupt –!““Und überhaupt !“

Ihr meint kein Wort von dem, was

ihr sagt:

Ihr wißt nicht, was euch beide plagt.

Was ist der Nagel jeder Ehe?

Zu langes Zusammensein und zu

große Nähe.

Menschen sind einsam. Suchen den
andern.
Prallen zurück, wollen
weiterwandern ...
Bleiben schließlich ... Diese
Resignation:
Das ist die Ehe. Wird sie euch
monoton?
Zankt euch nicht und versöhnt euch
nicht:

Zeigt euch ein
Kameradschaftsgesicht
und macht das Gesicht für den
bösen Streit
lieber, wenn ihr alleine seid.

Gebt Ruhe, ihr Guten! Haltet still.
Jahre binden, auch wenn man nicht
will.
Das ist schwer: ein Leben zu zwein.

Nur eins ist noch schwerer: einsam
sein. *1928*

Es ist

Es ist soviel unverbrauchte
Zärtlichkeit in Hotelzimmern,
wo sie allein liegen:
ein Mann, oder eine Frau, oder ein
angebrochenes junges Mädchen –

in leiser Lächerlichkeit liegen wir

allein.

Es ist eine Einsamkeit, umflossen

von den Strömen des städtischen

Gases,

des elektrischen Stromes, für alle

gemacht,

einer Zentralheizung, eines

Zentralessens, einer Zentralzeitung

...

aber ein kleiner Fleck ist noch da,

auf dem sind wir allein.

Jeder liegt in einer Schublade.

Die kleinen Härchen auf den

Oberarmen schwanken

suchend im Luftzug,

wie die Greifer der Meerespflanzen

in strömendem Wasser;

die Haut langweilt sich.

Wenn jetzt einer käme und sagte:

„Bitte sehr! ich liege

Ihnen zur Verfügung!“

wenn ich jetzt durch die Wand

ginge zu meiner Nachbarin –

(„Man ist doch keine Hure! ich

werfe mein Leben nicht in

Hotels weg!“ – Kusch.)

– wenn jetzt eine dicke Dame käme,

mich im Bad zu

massieren;

wenn sich jetzt der Jungen ein

verständiger Mann gesellte,

der sie nur streichelte …

ungenützt ist die Nacht.

Dreivierteleins.
Es kocht in den Röhren des
Badezimmers;
badet jemand noch so spät?

Neugierig sind wir auf fremde
Körper.
Wie legen Sie abends das Hemd auf
den Stuhl? Lieben Sie Fruchtsalz?
Ziehen Sie ihre Uhr morgens oder

abends auf?

Und in der Liebe?

Sind Sie gesund? Verzeihen Sie, ich

habe solche Furcht vor Krankheiten

–

das ist der Teil meiner Tugend.

I'm in love again –

nein, das eigentlich nicht:

es sollte nur jemand dasein, an dem

ich mich spüren kann.

Warum, 318 (mit Bad), liegen Sie so

allein?

Denkbar wäre auch eine

Hotelgeisha, die höflich liebt,

und die auf der Rechnung nur als

kleiner, diskreter Kreis vermerkt ist

–

aber schöner wäre ein Gast.

Warum kommt nie ein Einsamer zu
einer Einsamen?
Stolz kriechen wir in unser
zuständiges Gehäus,
hygienisch, unnahbar, vernünftig,
allein.

Knips das Licht an, sagt der
Schlaflose zu sich selbst
(er duzt sich, weil er sich schon so

lange kennt) –

und lies noch ein bißchen.

Du hast zuviel Pfirsich-Melba

gegessen, daher solche Gedanken,

Luftblasen auf dem Meer der

inneren Sekretion.

Du bist überhaupt gar nicht allein.

Du hast ein Buch. Lies:

Schließlich raffte sie ein Spiel Karten auf, kauerte sich neben den Kamin und begann eifrig und hingegeben zu mischen.

„Ich kam in der Absicht“, begann er mit einer nicht ganz festen Stimme, „noch heute um Ihre Hand anzuhalten.“

Das schöne Mädchen 1928

Träumerei auf einem Havelsee

Ich bin Prokurist einer

Wäschefabrik,

Sternberg, Guttmann & Sohn.

Mein Segelboot heißt „Heil und

Sieg“,

zwei Stunden lieg ich hier schon

und seh auf die Kiefern und in das

Wasser hinein –

auf meinem Boot ganz

allein.

Urlaub hatte ich im August,

ich war in Norderney,

mit Lilly ... ihre linke Brust

sieht aus wie ein kleines Ei.

Wenn man sie da kneift, dann wird

sie gemein –

auf meinem Boot ganz allein.

Graske ist ein gemeiner Hund,
ein falsches Aas – er tut bloß so …
er weiß, der Alte ist nicht ganz
gesund;
wenn mans merkt, bleibt er länger
im Büro.
Und dem Junior kriecht er jetzt
auch hinten rein –
auf meinem Boot ganz allein.

Mutter wird alt. Wie alt … warte

mal:

vierundsechzig, nein:

achtundsechzig, genau.

Grete soll ganz still sein; sie pöbelt

mit ihrem Personal

wie eine Schlächtersfrau.

Ich frage mich: muß eigentlich

Verwandtschaft sein? auf meinem

Boot ganz allein.

Ich habe es schließlich zu was
gebracht,
ich geh auf den Presseball;
auf Reisen fahre ich Zweiter, die
Jacht
hier hieß früher „Nachtigall“.

Quatsch. Jetzt heißt sie richtig.
Manchmal lade ich Willi und
Ottmar ein –

nein, Ottmar nicht, der hat mich bei

den jungen Aktien

nicht mitgenommen – schließlich

werde ich dem Affen doch

nicht nachlaufen, das hab ich nicht

nötig; stehen jetzt 192,

193 … wo ist denn die Zeitung? –

auf meinem Boot ganz allein.

Das ist meine liebste Erholungszeit,

auf meinem Boot ganz allein.

Kein Mensch ist zu sehen weit und

breit – kann man einsamer sein?

Eine Welle gluckst. Ich bin einsam.

Zwar die Inventur beginnt morgen,

und wie die Sirenen mit

schwimmendem Haar

ziehen im See meine Sorgen:

Lilly, Mama und die Wäschefabrik,

die Reparatur von „Heil und Sieg“,

Graske und Ottmar, der Egoist;

wer im Silbenrätsel „Fayence-Maler“

ist –;

der Krach mit dem Chef von der

Expedition;

die Weihnachtsgratifikation –

sonst aber schwimme ich hier im

märkischen Sonnenschein –

auf meinem Boot ganz allein.

1928

Der Lenz ist da!

Das Lenzsymptom zeigt sich zuerst

beim Hunde,

dann im Kalender und dann in der

Luft,

und endlich hüllt auch Fräulein

Adelgunde

sich in die frisch gewaschene

Frühlingskluft.

Ach ja, der Mensch! Was will er nur

vom Lenze?

Ist er denn nicht das ganze Jahr in

Brunst?

Doch seine Triebe kennen keine

Grenze –

Dies Uhrwerk hat der liebe Gott
verhunzt.

Der Vorgang ist in jedem Jahr
derselbe:
man schwelgt, wo man nur züchtig
beten sollt,
und man zerdrückt dem Heiligtum
das gelbe

geblümte Kleid – ja, hat das Gott

gewollt?

Die ganze Fauna treibt es immer

wieder:

Da ist ein Spitz und eine Pudelmaid

–

die feine Dame senkt die

Augenlider,

der Arbeitsmann hingegen scheint

voll Neid.

Durch rauh Gebrüll läßt sich das

Paar nicht stören,

ein Fußtritt trifft den armen Romeo

–

mich deucht, hier sollten zwei sich

nicht gehören …

Und das geht alle, alle Jahre so.

Komm, Mutter, reich mir meine

Mandoline,

stell mir den Kaffee auf den

Küchentritt. –

Schon dröhnt mein Baß: Sabine,

bine, bine ...

Was will man tun? Man macht es

schließlich mit.

1914

Sexuelle Aufklärung

Tritt ein, mein Sohn, in dieses

Varité!

Die heiligen Hallen füllt ein lieblich

Odium

von Rauchtabak, Parfüms und

Eßbüfett.

Die blonde Emmy tänzelt auf das

Podium,

der erste und der einzige Geiger

schmiert „Kollodium“

auf seine Fiedel für das hohe C...

So blieb es, und so ists seit dreißig

Jahren –

drum ist dein alter Vater mit dir

hergefahren.

Sieh jenes Mädchen! Erster

Jugendblüte

leichtrosa Schimmer ziert das

reizende Gesicht.

So war sie schon, als ich mich noch

um sie bemühte,

und wahrlich: ich blamiert mich

nicht!

Siehst du sie jetzt, wie sie voll

Scham erglühte?

Was flüstert sie? „Det die de Motten

kriecht...!“

Wie klingt mir dieser Wahlspruch
doch vertraut
aus jener Zeit, da ich den Referendar
gebaut!

Sei mir gegrüßt, du meine
Tugendlilie,
du altes Flitterkleid, du Tamburin!
Nimm du sie hin, mein Sohn – es
bleibt in der Familie –

und lern bei ihr: es gibt nur ein

Berlin!

Nun aber spitz die Ohren, denn

gleich singt Ottilie

ihr Lieblingslied vom kleinen

Zeppeliihn...

Kriegst du sie nicht, soll dich der

Teufel holen!

Verhalt dich brav – und damit Gott

befohlen!

1913

Die arme Frau

Mein Mann? Mein dicker Mann, der

Dichter?

Du lieber Gott, da seid mir still!

Ein Don Juan? Ein braver, schlichter

Bourgeois – wie Gott ihn haben will.

Da steht in seinen schmalen

Büchern,

wie viele Frauen er geküßt;
von seidenen Haaren, seidenen
Tüchern,
Begehren, Kitzel, Brunst, Gelüst…

Liebwerte Schwestern, laßt die
Briefe,
den anonymen Veilchenstrauß!
Es könnt ihn stören, wenn er

schliefe.

Denn meist ruht sich der Dicke aus.

Und faul und fett und so gefräßig

ist er und immer indigniert.

Und dabei gluckert er unmäßig

vom Rotwein, den er temperiert.

Ich sah euch wilder und erpichter

von Tag zu Tag – ach! laßt das sein!

Mein Mann? Mein dicker Mann, der

Dichter?

In Büchern: ja.

Im Leben: nein. *1918*

An die Meinige

Legt man die Hand jetzt auf die

Gummiwaren?

Erinnre, Claire, dich an deine

Pflicht!

Das geht nicht so wie in den letzten

Jahren:

Du bist steril, und du vermehrst

dich nicht!

Wohlan! Wohlan! Zu Deutschlands

Ruhm und Ehren!

Vorbei ist nun der Liebe grüner Mai

–

da hilft nun nichts: du mußt etwas

gebären,

einmal, vielleicht auch zweimal oder

drei!

Wir Deutschen sind die

Allerallerersten,

voran der Kronprinz als Eins-A-

Papa.

Der Gallier faucht – wir haben doch

die mehrsten,

und hungern sie, mein Gott, sie sind

doch da!

Denn sieh: die Babys brauchen

Medizinen

und manchmal auch ein weiß

Getöpf aus Ton,

Gebäck, das Milchgetränk – man

kauft es ihnen,

und dann vor allem, Kind, die

Konfektion!

Und wer soll in des Kaisers Röcken

dienen,

umbrüllt vom Leutnant und vom

General?

Stell du das her: es muß nur

maskulinen

Geschlechtes sein – der Schädel ist

egal.

Ins Bett! Hier hast du deine

Wickelbinden!

Schenk mir den Leo nebst der

Annmarei!

Und zählt man nach, wird man voll

Freude finden

sechzig Millionen, und von uns die

zwei! *1914*

Mit dem Weininger

Ja ... da sitzt du nun auf deines

Bettes Rand,

und die ganze Welt scheint dir nicht

recht ...

Lies du nur in diesem

Lederband, und erkenne dein

Geschlecht!

Wisse, Mädchen, du bist null und

nichtig!

Bist ein subsidiäres Komplement!

Tier und Fraue! Nimmst nur eines

wichtig:

Wenn der Phallus dich erkennt.

Mit den sieben heimelichen Lüsten

beugst du klaren, starken

Mannessinn –:

Wenn wir nur nicht mit euch

schlafen müßten!

Er hat recht, und *du* bist Königin!

1919

An ihren Papa

Amici! Plaudite! – Die bunten

Bänder

und Wimpel flattern froh im Wind!

Wie danke ich dir gütigem Spender

für dieses Kind! –

Du würdiger Greis – vor so und so

viel Jahren

erzeugtest du's in einer Nacht ...

Ich weiß, daß dies bei ungebleichten

Haaren

schon Mühe macht.

Und du, im rüstigen Mannesalter,

du produziertest dies *bébé* –

ein Frauenseufzer … leis verhallt er

… –

Dir Evoë! –

Dir Evoë! – Ich gratuliere!

Dein denk ich, Autor, ist sie da –

Dein denk ich, wenn ich kokettiere

–

Grüß Gott, Papa!

1919

Parkett

Das Stück hat Weltanschauung.

Neben mir Ottilchen

hat weit die grauen Augen

aufgemacht:

Der, nach dem Spiel, erhofft ein

Kartenspielchen,

Der eine Nacht ...

Der Diener meldet die

Kommerzienräte,

die Gnädige empfängt, ein Sektglas

klirrt.

Ich streichle ihre Hand, die sonst

die Hüte nähte ...

Ob das was wird?

Da oben gibt es Liebe und

Entsetzen,

doch so gemäßigt, wie sichs eben

schickt.

„Ottilie“, flüstre ich, „vermagst du

mich zu schätzen?!“

Sieh da: Sie nickt!

Nun läßt mich alles kalt: Die ganze

Tragik

ist jetzt für mich verhältnismäßig

gleich.

Und nimmt Madameken ihr Gift,

dann sag ick:

„Ich bin so reich ...“

Was kümmern mich die blöden

Bühnenränke!

Nu sieh mal, wie sie um die Leiche

stehn!

Genug –... „Ottilie“, spreche ich, „ich

denke –

wir wollen gehn ...“

1913

Versunkenes Träumen

Lieblich ruht der Busen, auf dem

Tisch,

jener Jungfrau, welche rosig ist und

frisch.

Ach, er ist so kugelig und gerundet,

daß er mir schon in Gedanken

mundet.

Heil und Sieg dereinst dem feinen
Knaben,
dem es freisteht, sich daran zu
laben.

Jener wird erst stöhnen und sich
recken;
aber nachher bleibt er sicher
stecken.

Heirat, Kinder und ein häusliches

Frangssäh –

nichts von Liebesnacht und jenem

Kanapee ...

Ich hingegen sitz bei ihren Brüsten,

und – gedanklich – dient sie meinen

Lüsten.

Doch dann steh ich auf und

schlenkre froh mein Bein,

schiebe ab,

bin frei –

und lasse Jungfer Jungfer sein! –

1919

Wider die Liebe

Die brave Hausfrau liest im

Blättchen

von Lastern selten dustrer Art,

vom Marktpreis fleißiger

Erzkokettchen,

vom Lustgreis auch mit

Fußsackbart.

Mein Gott, denkt sich die junge

Gattin,

mein Gott! Welch ein Spektakulum!

„Das schlanke Frauenzimmer hat

ihn …“

Ja was? Sie bringt sich reinweg um.

O Frau! Die Phantasie hat Grenzen,
sie ist so eng – es gibt nicht viel.
Nach wenigen Touren, wenigen
Tänzen
ists stets das alte, gleiche Spiel.

Der liebt die Knaben. Dieser Ziegen.
Die will die Männer laut und fett.
Die mag bei Seeoffizieren liegen.
Und der geht nur mit sich ins Bett.

Hausbacken schminkt sich selbst

das Laster.

Sieh hin – und Illusionen fliehn.

Es gründen noch die Päderaster

„Verein für Unzucht, Sitz Berlin".

Was kann der Mensch denn mit sich

machen!

Wie er sich anstellt und verrenkt:

Was Neues kann er nicht entfachen.

Es sind doch stets dieselben Sachen

... Geschenkt! Geschenkt!

1920

Psychoanalyse

Drei Irre gingen in den Garten

und wollten auf die Antwort warten.

Der erste Irre sprach: "O Freud!

Hat dich noch niemals nicht gereut,

daß du Schüler hast? Und was für

welche –?

Sie gehen an keinem vorüber, die

Kelche.

Ich kenne ja wirklich allerhand

als Mitglied vom Deutschen

Reichsirrenverband –

aber die alten Doktoren sind mir

beinah lieber

als das Getue dieser

Ja.“

Der zweite Irre sprach:

“Schmecks.

Ich habe hinten einen Komplex.

Den hab ich nicht richtig abreagiert,

jetzt ist mir die Unterhose fixiert.

Und ich verspüre mit großer

Beklemmung

rechts eine Hemmung und links

eine Hemmung.

Vorn hängt meine ältere Schwester

und

in der Mitte bin ich ziemlich

gesund. Ja.“

Der dritte Irre sprach: “Wenn

heut einer mal muß, dann sagt ers

nicht, denn

er umwickelt sich mit düstern

Neurosen,

mit Analfunktionen und

Stumpfdiagnosen –"

("Ha! – Stumpf!" riefen die beiden

andern Irren,

konnten den dritten aber nicht

verwirren.

Der fuhr fort:)

"Vorlust, Nachlust und nächtliches

Zaudern –

es macht soviel Spaß, darüber zu

plaudern!

Die Fachdebatte – welch ein Genuß!

–

ist beinah so schön wie ein Ja."

Die drei Irren sangen nun im

Verein:

„Wir wollen keine Freudisten sein!

Die jungen Leute, die davon kohlen,

denen sollte man kräftig das Fell

versohlen.

Erreichen sie jemals das Genie? O

na nie –!

Jeder Jüngling von etwas guten

Manieren

geht heute mal Muttern deflorieren.

Jede Frau, die in die Epoche paßt,

hat schon mal ihren Vater gehaßt,

Und die ganze Geschichte stammt

aus Wien,

und darum ist sie besonders schien

–!

Wir drei Irre sehen, wie Liebespaare

sich gegenseitig die schönsten

Haare

spalten – und rufen jetzt rund und

nett:

Rein ins Bett oder raus aus dem

Bett!

Keine Tischkante ohne Symbol und

kein Loch …

Wie lange noch –? Wie lange noch –

?“

Drei Irre standen in dem Garten

und täten auf die Antwort warten.

An die Berlinerin

Mädchen, kein Casanova

hätte dir je imponiert.

Glaubst du vielleicht, was ein doofer

Schwärmer von dir phantasiert?

Sänge mit wogenden Nüstern

Romeo, liebesbesiegt,

würdest du leise flüstern:

„Woll mit die Pauke jepiekt –?“

Willst du romantische Feste,

gehst du beis Kino hin ... Du bist

doch Mutterns Beste,

du, die Berlinerin –!

Venus der Spree – wie so fleißig

liebst du, wie pünktlich dabei!

Zieren bis zwölf Uhr dreißig,

küssen bis nachts um zwei.

Alles erledigst du fachlich,

bleibst noch im Liebesschwur

ordentlich, sauber und sachlich:

Lebende Registratur!

Wie dich sein Arm auch preßte:

gibst dich nur her und nicht hin.

Bist ja doch Mutterns Beste,

du, die Berlinerin –!

Wochentags führst du ja gerne
Nadel und Lineal.
Sonntags leuchten die Sterne
preußisch-sentimental.
Denkst du der Maulwurfstola,
die dir dein Freund spendiert?
Leuchtendes Vorbild der Pola!
Wackle wie sie geziert.
Älter wirst du. Die Reste
gehn mit den Jahren dahin.

Laß die mondäne Geste!

Bist ja doch Mutterns Beste,

du süße Berlinerin –!

1922

Danach

Es wird nach einem happy end

im Film gewöhnlich

abjeblendt. Man sieht bloß noch in

ihre Lippen

den Helden seinen Schnurrbart

stippen –

da hat sie nu den Schentelmen.

Na, un denn –?

Denn jehn die beeden brav ins Bett.

Na ja ... diss is ja auch janz nett.

A manchmal möcht man doch jern

wissn: Wat tun se, wenn se sich nich

kissn?

Die könn ja doch nich imma penn...!

Na, un denn –?

Denn säuselt im Kamin der Wind.

Denn kricht det junge Paar n Kind.

Denn kocht sie Milch. Die

Milch looft üba.

Denn macht er Krach. Denn

weent sie drüba.

Denn wolln sich beede jänzlich

trenn...

Na, un denn –?

Denn is det Kind nicht uffn Damm.

Denn bleihm die beeden doch

zesamm.

Denn quäln se sich noch

manche Jahre.

Er will noch wat mit blonde

Haare:

vorn doof und hinten

minorenn...

Na, un denn –?

Denn sind se alt.

Der Sohn haut ab.

Der Olle macht nu ooch bald

schlapp.

Vajessen Kuß und

Schnurrbartzeit –

Ach, Menschenskind, wie liecht det weit!

Wie der noch scharf uff Muttern war,

det is schon beinah nich mehr wahr!

Der olle Mann denkt so zurück:

Wat hat er nu von seinen Jlück?

Die Ehe war zum jrößten Teile

vabrühte Milch un Langeweile.

Und darum wird beim happy end

im Film jewöhnlich abjeblendt.

1930

Stationen

Erst gehst du umher und suchst an

der Frau

das, was man anfassen kann.

Wollknäul, Spielzeug und Kätzchen-

Miau –

du bist noch kein richtiger Mann.

Du willst eine lustig bewegte

Ruh:

sie soll anders sein, aber sonst

wie du ...

Dein Herz sagt:

Max und Moritz!

Das verwächst du. Dann langts nicht

mit dem Verstand.

Die Karriere! Es ist Zeit ...!

Eine kluge Frau nimmt dich an die

Hand

in tyrannischer Mütterlichkeit.

Sie paßt auf dich auf. Sie wartet

zu Haus.

Du weinst dich an ihren

Brüsten aus ...

Dein Herz sagt:

Mutter.

Das verwächst du. Nun bist du ein
reifer Mann.
Dir wird etwas sanft im Gemüt.
Du möchtest, daß im Bett nebenan
eine fremde Jugend glüht.
        Dumm kann sie sein. Du willst:
junges Tier,
        ein Reh, eine Wilde, ein Elixier.
                Dein Herz sagt:
                Erde.

Und dann bist du alt.

Und ist es soweit,

daß ihr an der Verdauung leidet –:

dann sitzt ihr auf einem Bänkchen

zu zweit,

als Philemon und Baucis verkleidet.

Sie sagt nichts. Du sagst nichts.

Denn ihr wißt,

wie es im menschlichen Leben

ist ...

Dein Herz, das so viele Frauen

besang, dein Herz sagt: „Na, Alte

...?“

Dein Herz sagt: Dank.

1930